Date: 11/26/18

SP J 393.3 MER
Merwin, E.,
Tumbas de momias /

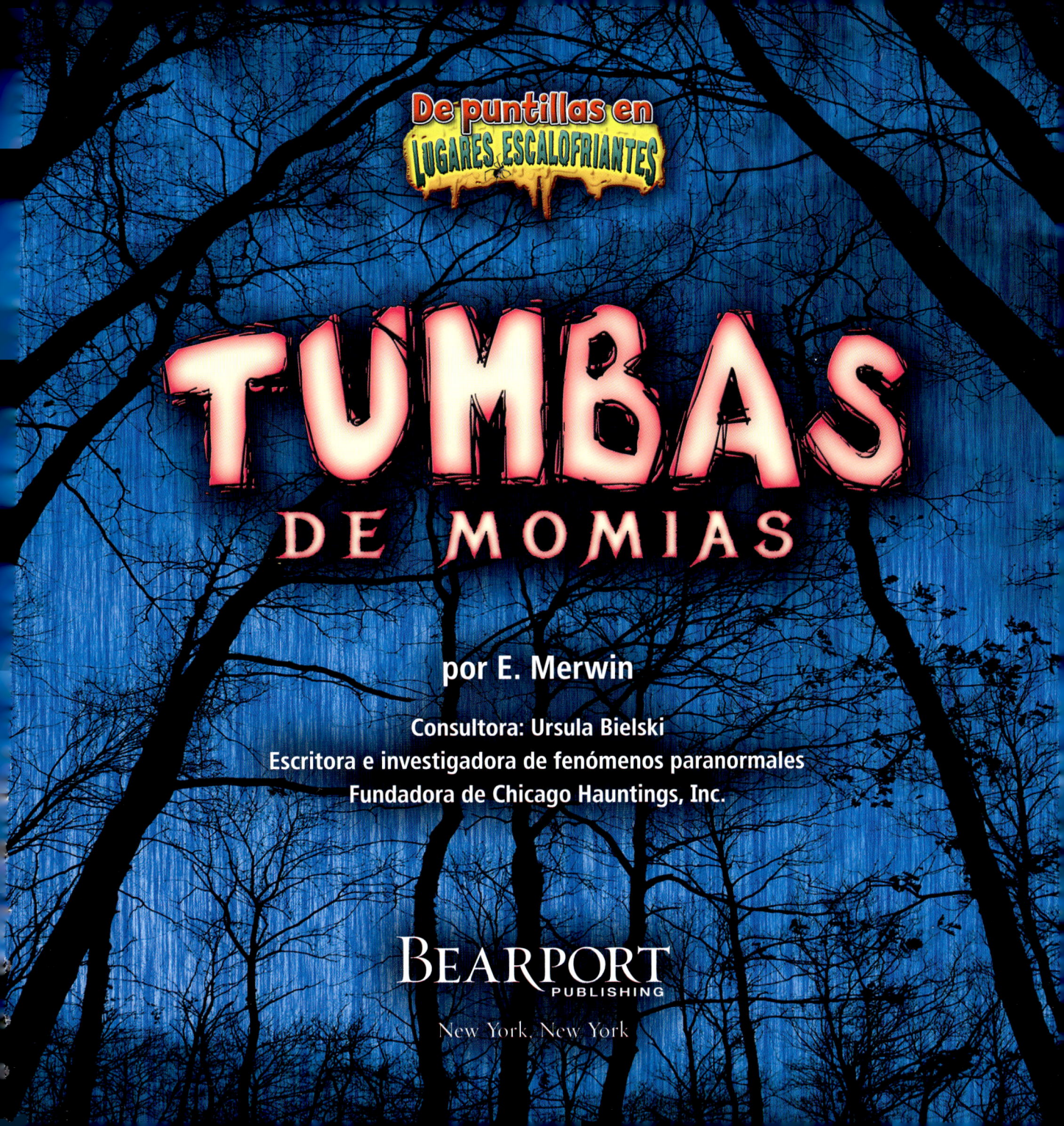

De puntillas en LUGARES ESCALOFRIANTES

TUMBAS DE MOMIAS

por E. Merwin

Consultora: Ursula Bielski
Escritora e investigadora de fenómenos paranormales
Fundadora de Chicago Hauntings, Inc.

BEARPORT PUBLISHING

New York, New York

Créditos

Cubierta, © Jerzy Opoka/Fotolia and © shotsstudio/Fotolia; TOC, © Adwo/Shutterstock; 4–5, © Anton_Ivanov/Shutterstock, © BasPhoto/Shutterstock, and © Jose Ignacio Soto/Shutterstock; 6L, © Alabama Department of Education–Alabama Department of Archives and History/Public Domain; 6R,
© J.D. Dallet/AGE Fotostock/Alamy; 7, © K. SCHOLZ/ClassicStock/Alamy; 8L, © Skynavin/Shutterstock; 8R, © Leemage/Bridgeman Images; 9, © Jaroslav Moravcik/Shutterstock; 10, © Dick Culbert/CC BY 2.0; 11, © Johan Reinhard; 12L, © Chronicle/Alamy; 12–13, © STEPHEN ALVAREZ/National Geographic Creative; 14, © Brendan O'Reilly; 15, © Mark Healey/CC BY-SA 4.0; 16–17, © trattieritratti/Shutterstock; 18, © Kenneth Garrett/Danita Delimont/Alamy; 19, © De Agostini/ S. Vannini/REX/Shutterstock; 20, © Kenneth Garrett/Danita Delimont/Alamy; 21, © Kenneth Garrett/Danita Delimont/Newscom; 23, © Mikhail Zahranichny/Shutterstock.

Director editorial: Kenn Goin
Editora: Joyce Tavolacci
Traductora: Eida Del Risco
Editora de español: María A. Cabrera Arús
Director creativo: Spencer Brinker
Investigador de fotografía: Thomas Persano
Cubierta: Kim Jones

Library of Congress Cataloging-in-Publication Data in process at time of publication (2018)
Library of Congress Control Number: 2017042956
ISBN-13: 978-1-68402-615-9 (library binding)

Copyright © 2018 Bearport Publishing Company, Inc. Todos los derechos reservados. Ninguna parte de esta publicación puede ser reproducida total o parcialmente, almacenada en ningún sistema de recuperación, ni transmitida bajo ninguna forma ni por ningún medio, ya sea electrónico, mecánico, por fotocopias, grabaciones o cualquier otro, sin permiso por escrito del editor.

Para más información, escriba a Bearport Publishing Company, Inc., 45 West 21st Street, Suite 3B, New York, New York 10010. Impreso en los Estados Unidos de América.

10 9 8 7 6 5 4 3 2 1

CONTENIDO

Tumbas de momias 4
La tumba de la perdición 6
La doncella inca de los hielos 10
Las momias de las turberas 14
Sueños malditos 18

Tumbas de momias del mundo 22
Glosario 23
Índice 24
Lee más 24
Aprende más en línea 24
Acerca de la autora 24

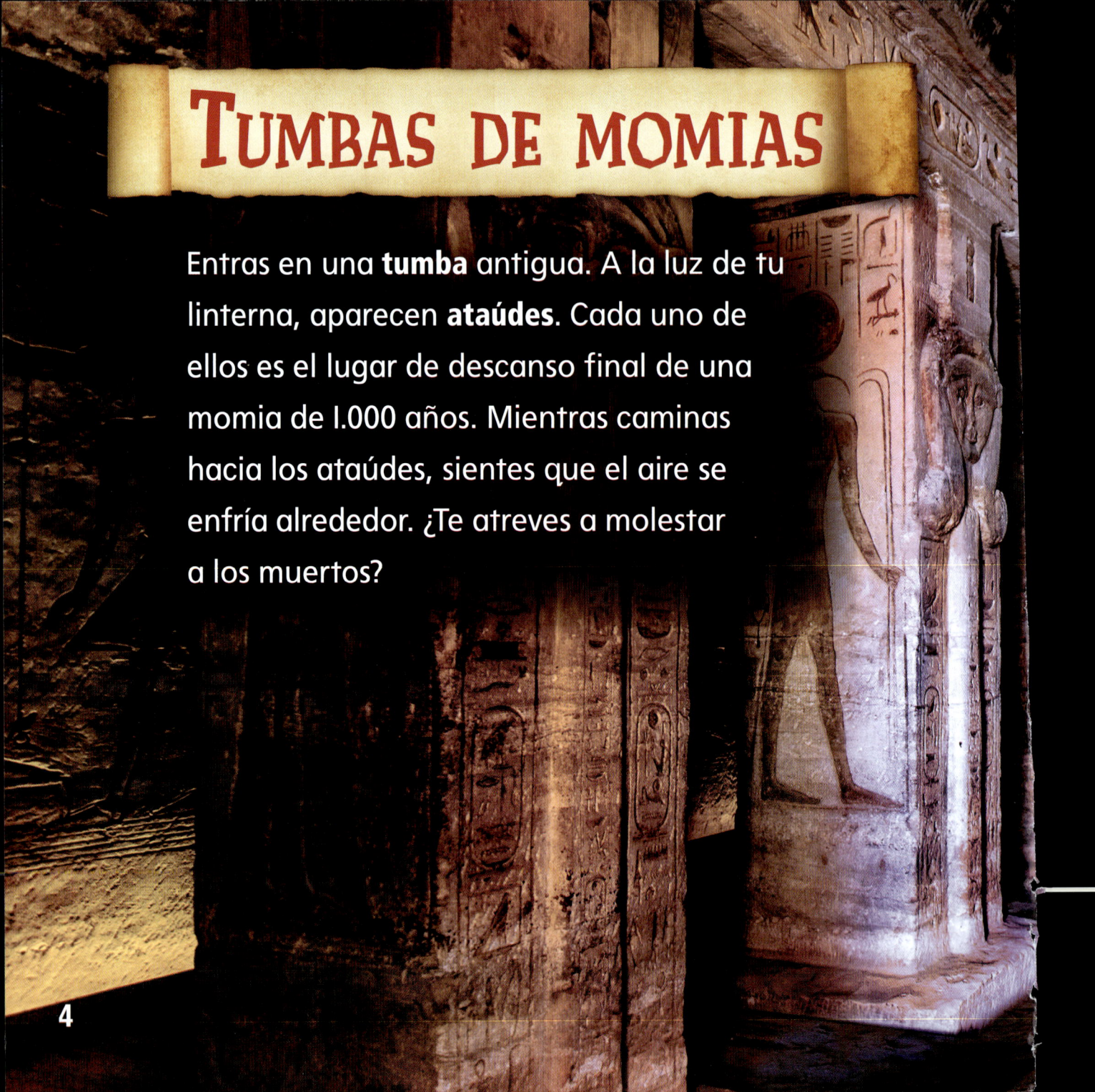

Tumbas de momias

Entras en una **tumba** antigua. A la luz de tu linterna, aparecen **ataúdes**. Cada uno de ellos es el lugar de descanso final de una momia de 1.000 años. Mientras caminas hacia los ataúdes, sientes que el aire se enfría alrededor. ¿Te atreves a molestar a los muertos?

Prepárate para leer cuatro historias escalofriantes sobre tumbas de momias. Pasa la página… ¡si te atreves!

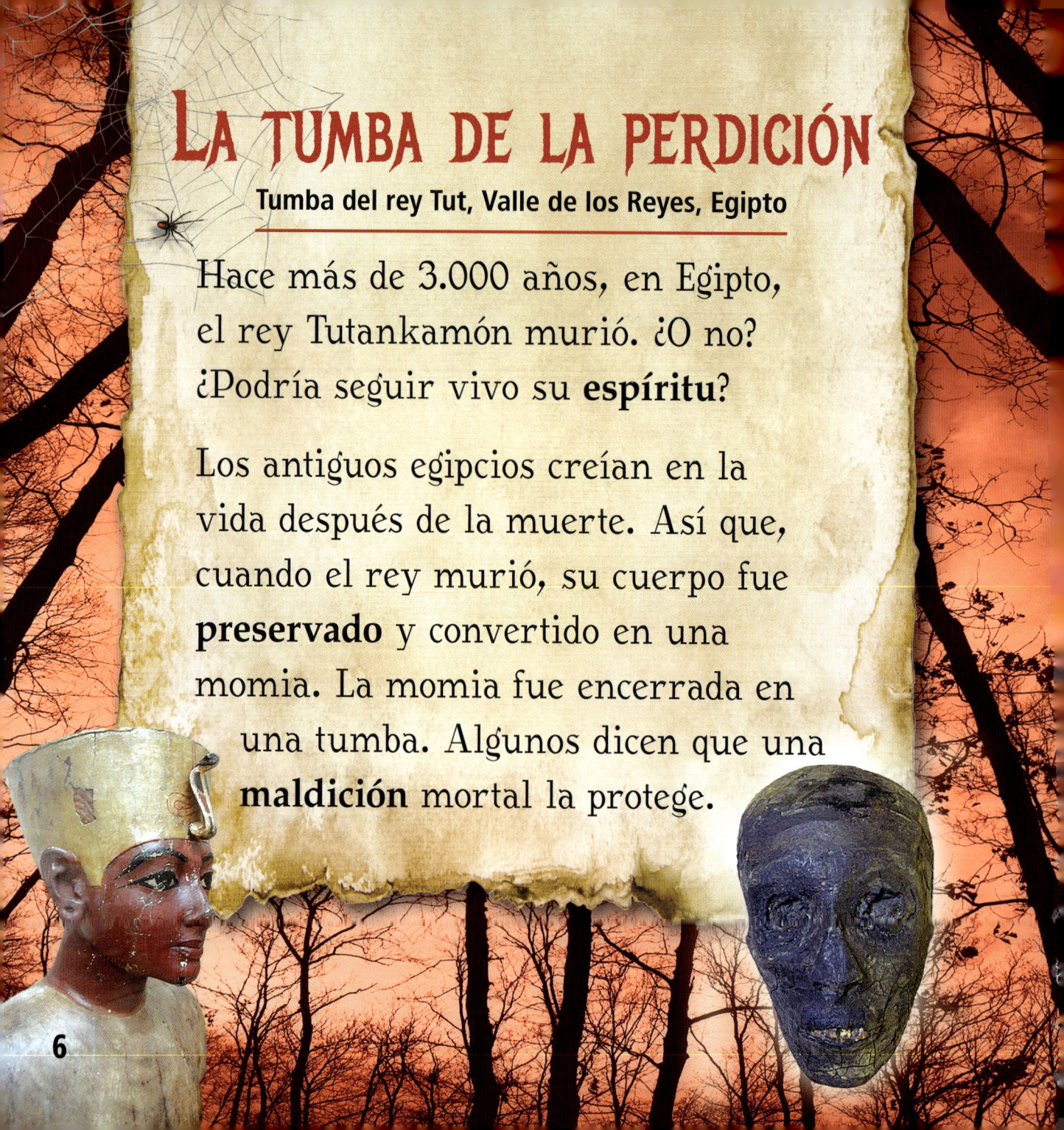

La tumba de la perdición

Tumba del rey Tut, Valle de los Reyes, Egipto

Hace más de 3.000 años, en Egipto, el rey Tutankamón murió. ¿O no? ¿Podría seguir vivo su **espíritu**?

Los antiguos egipcios creían en la vida después de la muerte. Así que, cuando el rey murió, su cuerpo fue **preservado** y convertido en una momia. La momia fue encerrada en una tumba. Algunos dicen que una **maldición** mortal la protege.

La tumba del rey Tut

El rey Tut tenía solo 18 años cuando murió.

En 1922, el explorador Howard Carter encontró la tumba de Tut. El mismo día que Carter abrió la tumba, una cobra mató a un pájaro que él tenía de mascota.

Casi enseguida, el amigo de Carter, que también había entrado en la tumba, murió de repente. En el momento en que murió, ¡todas las luces de la ciudad del Cairo se apagaron! ¿Se habría desencadenado la antigua maldición?

Howard Carter con la momia de Tut

La máscara de oro del rey Tutankamón

La doncella inca de los hielos

Monte Ampato, Perú

En 1995, dos científicos estaban escalando una montaña en Perú. De pronto, se encontraron con un pesado bulto en la nieve. Cuando miraron dentro, se quedaron impresionados. "Un escalofrío me recorrió la espalda", dijo uno de los científicos. ¡El bulto contenía el cuerpo congelado de una niña!

Monte Ampato, donde los científicos encontraron el bulto.

Uno de los científicos con el cuerpo envuelto.

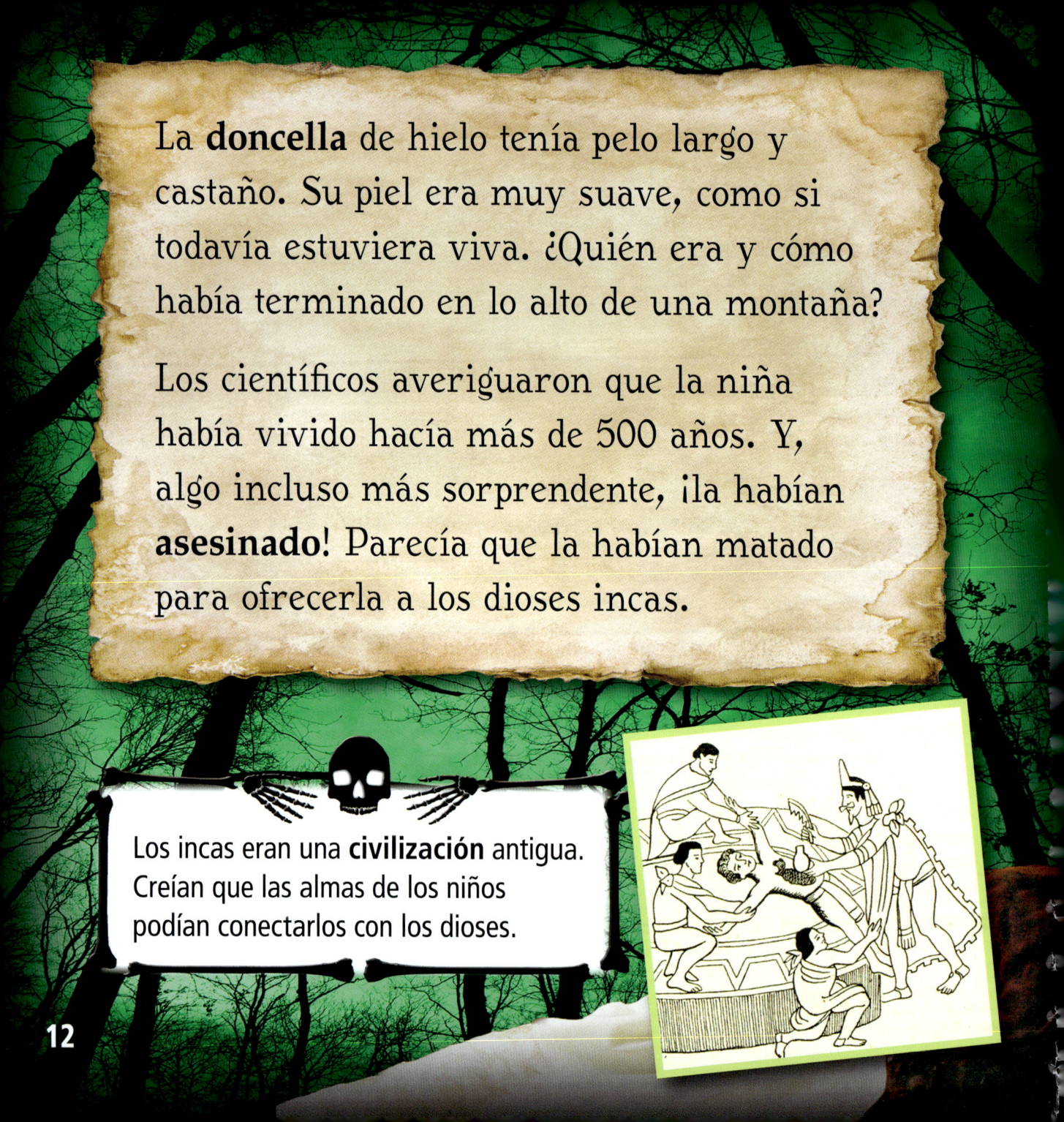

La **doncella** de hielo tenía pelo largo y castaño. Su piel era muy suave, como si todavía estuviera viva. ¿Quién era y cómo había terminado en lo alto de una montaña?

Los científicos averiguaron que la niña había vivido hacía más de 500 años. Y, algo incluso más sorprendente, ¡la habían **asesinado**! Parecía que la habían matado para ofrecerla a los dioses incas.

Los incas eran una **civilización** antigua. Creían que las almas de los niños podían conectarlos con los dioses.

La doncella inca de los hielos también se conoce como Momia Juanita.

Las momias de las turberas

Croghan Hill, Irlanda

En Irlanda, hay **turberas** fangosas que contienen miles de momias. A una momia, encontrada en Croghan Hill, ¡le faltan las piernas y la cabeza!

Algunos creen que el **torso** pertenece a un rey irlandés que fue apuñalado hace 2.000 años. Pero nadie sabe lo que le pasó al resto del cuerpo.

Croghan Hill, en Irlanda

Los restos del Hombre de Croghan

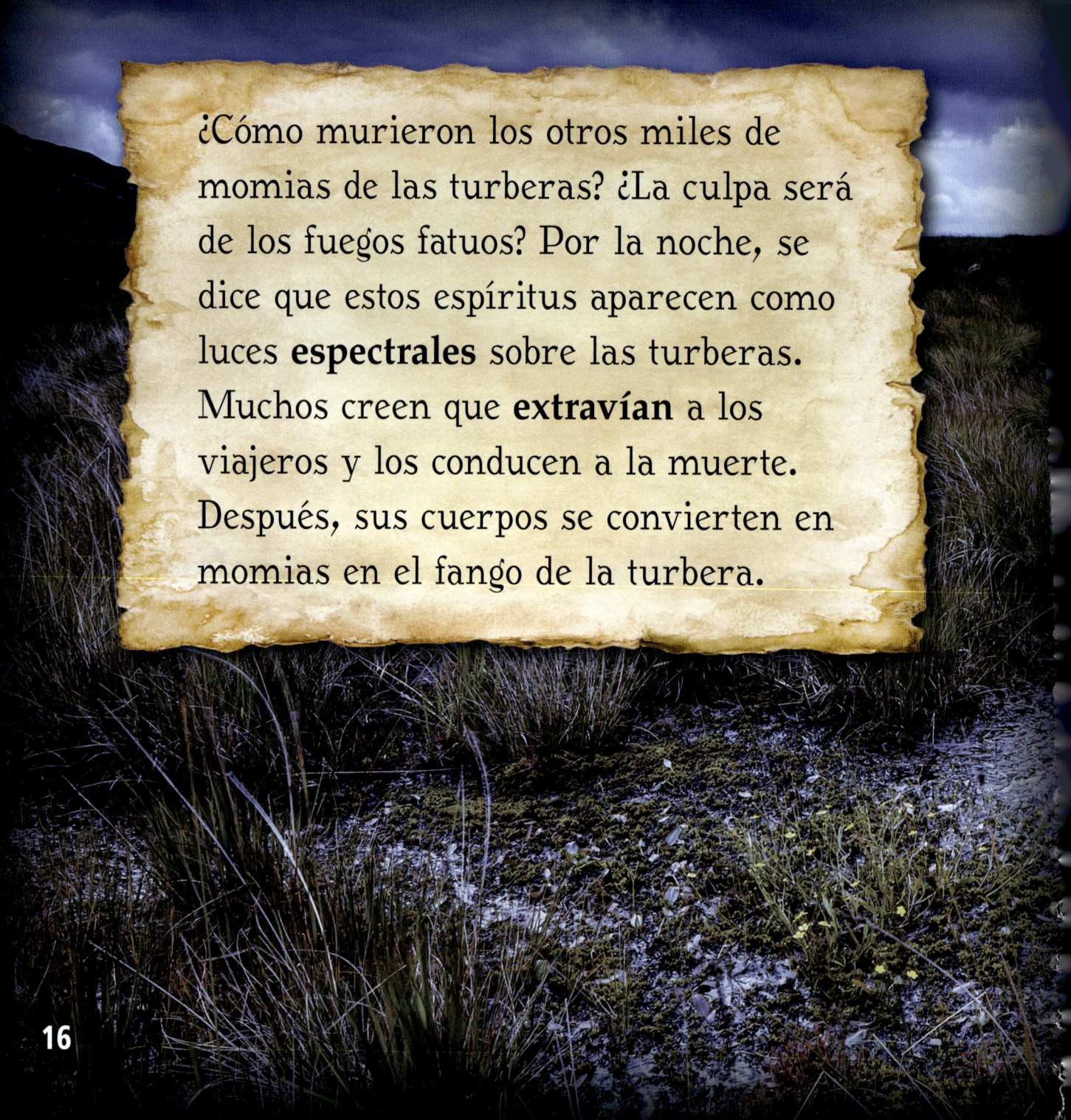

¿Cómo murieron los otros miles de momias de las turberas? ¿La culpa será de los fuegos fatuos? Por la noche, se dice que estos espíritus aparecen como luces **espectrales** sobre las turberas. Muchos creen que **extravían** a los viajeros y los conducen a la muerte. Después, sus cuerpos se convierten en momias en el fango de la turbera.

En 2011, el cuerpo de un niño de 4.000 años se encontró en un pantano irlandés. ¡Es la momia más antigua de Europa!

Sueños malditos

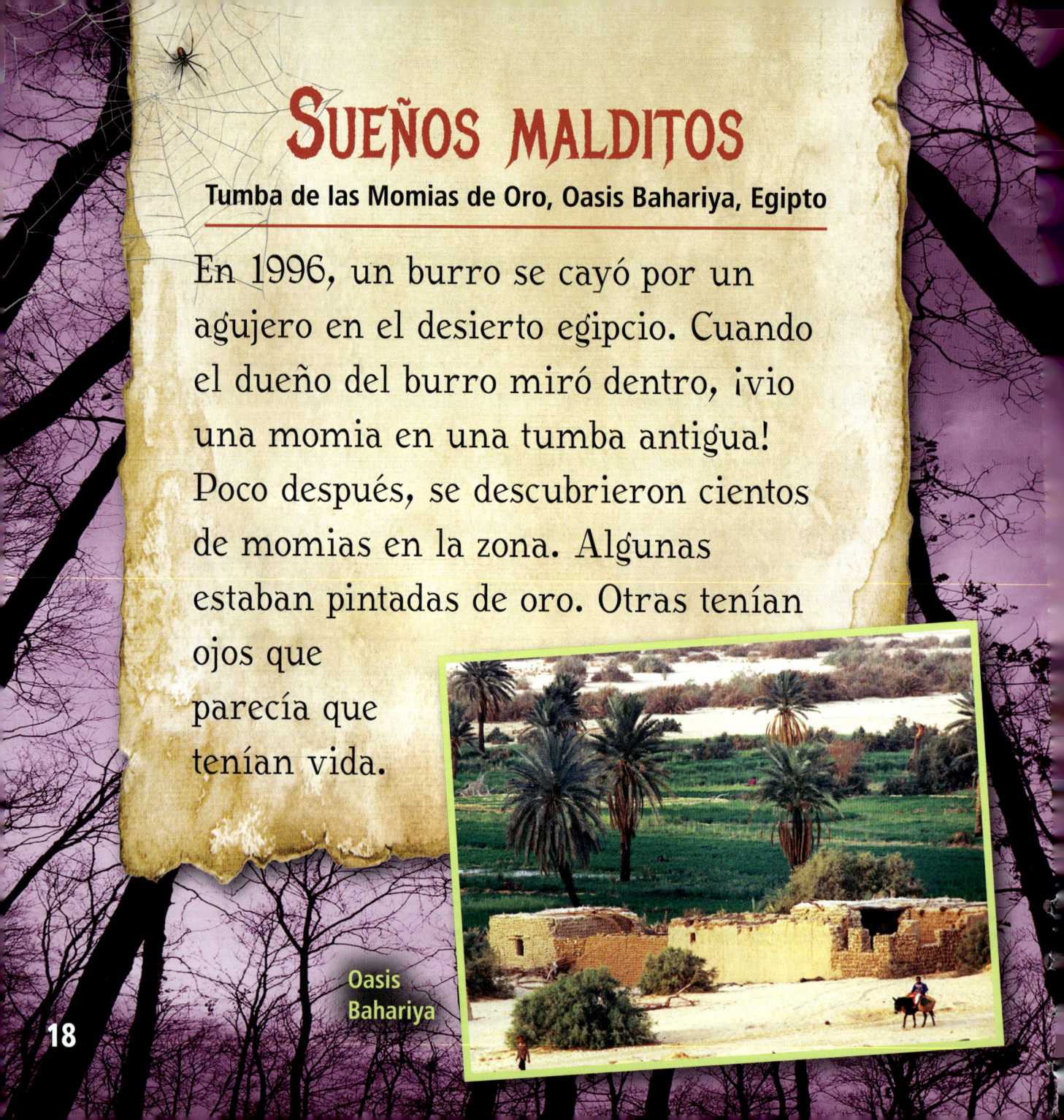

Tumba de las Momias de Oro, Oasis Bahariya, Egipto

En 1996, un burro se cayó por un agujero en el desierto egipcio. Cuando el dueño del burro miró dentro, ¡vio una momia en una tumba antigua! Poco después, se descubrieron cientos de momias en la zona. Algunas estaban pintadas de oro. Otras tenían ojos que parecía que tenían vida.

Oasis Bahariya

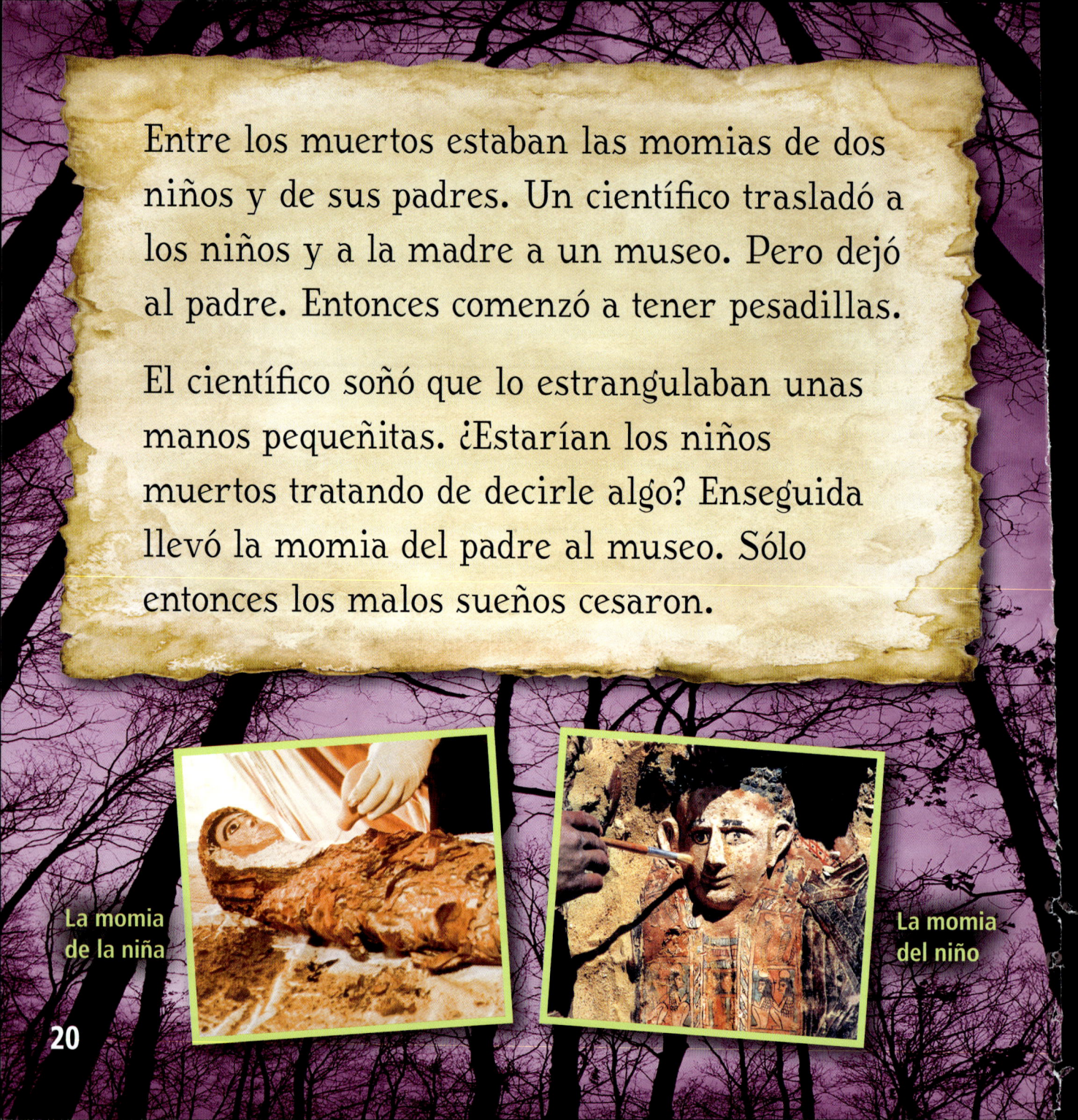

Entre los muertos estaban las momias de dos niños y de sus padres. Un científico trasladó a los niños y a la madre a un museo. Pero dejó al padre. Entonces comenzó a tener pesadillas.

El científico soñó que lo estrangulaban unas manos pequeñitas. ¿Estarían los niños muertos tratando de decirle algo? Enseguida llevó la momia del padre al museo. Sólo entonces los malos sueños cesaron.

La momia de la niña

La momia del niño

En la tumba se encontraron pequeñas botellas de cristal. Se cree que contenían lágrimas humanas.

Tumbas de momias
del mundo

Sitio de enterramiento de la Doncella Inca de los Hielos
Monte Ampato, Perú
Visita el lugar de descanso final de una niña asesinada.

Momia de los Pantanos
Croghan Hill, Irlanda
Camina con cuidado al cruzar el pantano donde se encontró al Hombre de Croghan.

Tumba de las Momias de Oro
Oasis Bahariya, Egipto
No te atrevas a mirar fijamente los ojos de estas momias doradas.

Tumba del rey Tut
Valle de los Reyes, Egipto
Entra en la tumba del rey Tut ¡si te atreves!

Glosario

antigua muy vieja

asesinada matada por otra persona

ataúdes cajas largas donde se entierran a los muertos

civilización una sociedad muy organizada y desarrollada

doncella una mujer joven

espectrales misteriosos o extraños

espíritu un ser sobrenatural, como un fantasma

extravían hacen que alguien pierda el rumbo o el camino

maldición algo que puede causar un mal o un daño

preservada mantenida en su estado original

torso la parte del cuerpo que está entre el cuello y la cintura

turberas áreas donde la tierra es muy húmeda, compuestas principalmente de plantas muertas

Índice

asesinato 12, 14
Croghan Hill, Irlanda 14–15, 16–17, 22
Egipto 6–7, 8–9, 18–19, 20–21, 22
inca 10, 12–13
maldición 6, 8
monte Ampato, Perú 10–11, 12–13, 22

rey Tutankamón 6–7, 8–9, 22
Oasis Bahariya, Egipto 18–19, 20–21, 22
turberas 14–15, 16–17, 22
vida después de la muerte 6–7

Lee más

Burgan, Michael. *Mummy Lairs (Scary Places)*. Nueva York: Bearport (2013).

Sloan, Christopher. *Mummies: Dried, Tanned, Sealed, Drained, Frozen, Embalmed, Stuffed, Wrapped, and Smoked . . . and We're Dead Serious*. Nueva York: National Geographic (2010).

Lee más en línea

Para aprender más sobre tumbas de momias, visita:
www.bearportpublishing.com/Tiptoe

Acerca de la autora

E. Merwin escribe cuentos, libros y poemas para niños y adultos. Desde que empezó a escribir sobre fantasmas, momias y lugares embrujados para la serie *De puntillas* ha estado durmiendo con la luz encendida.